LA NATION

ET LE

CLERGÉ

LA NATION

ET LE

CLERGÉ

Rien ici-bas n'est mystère, mais tout est problème. — Il y a un inconnu et non un incompréhensible.

IIᵉ PARTIE.

PARIS

CHEZ PERROTIN, ÉDITEUR,

3, place du Doyenné.

—

1848.

PROLOGUE.

Discuter une question relative au clergé, c'est éveiller bien des susceptibilités. C'est paraître toucher à la religion ; cependant la religion et ses ministres sont aussi distincts, que la France l'était des monarques disparus, et que la république l'est aujourd'hui du pouvoir : donc parler du clergé, ce n'est pas parler de la religion.

Maintenant la même distinction existe à l'égard de la religion vis-à-vis de Dieu ; car il y a presqu'autant de religions que de peuples, tandis que Dieu est un, malgré la diversité des symboles qui le représentent.

Enlevez aux Gaulois les druides, aux druides leur culte vieilli ; que reste-t-il ? Dieu.

1

Ainsi, dans une croyance organisée humainement, trois choses : le prêtre, la religion et Dieu, qui répondent à celles-ci : l'employé, l'administration et la nation.

La nation contrôle l'administration et l'employé. Qui donc surveillera la religion et le prêtre? sera-ce Dieu? Non, car il eut défendu les sacrifices humains et l'Inquisition, sans attendre que les peuples décimés fissent justice eux-mêmes. Si Dieu ne contrôle pas, c'est pour apprendre à l'homme l'usage de la raison. Sans cela, que nous resterait-il à faire?

Le contrôle, source de progrès, appartient donc aux hommes. C'est ce qui explique le but de ce livre.

Du jour où les hommes discuteront de leurs opinions, ils ne s'armeront plus pour les défendre; car la vérité est ferme à perpétuité, et l'opinion n'est qu'un sentiment probable.

WILHEM.

— 5 Juin 1848. —

PREMIÈRE PARTIE.

I

LA NATION ET LE CLERGÉ.

Ces deux mots ne forment pas antithèse; ils expriment seulement un rapport.

Lorsque les faits qui s'accomplissent dans le sein d'une nation, détruisent ce rapport du *tout* avec sa *partie*, la marche du progrès se trouve ralentie, faute d'unité dans le pouvoir.

La question traitée ici n'est donc pas une question d'Église; c'en est une de progrès. Pourquoi l'Église est-elle au premier rang des obstacles? Je lui rends cet honneur, qu'elle a toujours envié, de passer la première.

J'examinerai d'abord si le clergé peut et doit siéger à l'assemblée nationale; après viendront les corollaires, et l'on pourra se convaincre aisément à la dernière ligne de l'ouvrage, que tout n'est pas dit. Mais il importait de ne pas tarder plus longtemps et de lever l'ancre.

LE CLERGÉ PEUT-IL ET DOIT-IL SIÉGER A L'ASSEMBLÉE NATIONALE ?

Les membres du clergé font partie des fonctionnaires publics, car ils sont nommés et payés par l'État. Aussi, dans le cas où la prochaine loi sur les incompatibilités excluerait les fonctionnaires de l'assemblée nationale, le clergé se trouverait compris dans la loi.

Mais il peut arriver que plus tard le clergé renonce à être payé par la nation, afin d'échapper ainsi à la loi sur les fonctionnaires.

La question est donc complètement à examiner.

Je commencerai par admettre que le clergé puisse jouir des droits d'électeur et de député, afin d'en montrer les conséquences; j'exposerai ensuite les raisons, je crois toutes puissantes, qui doivent faire prononcer son exclusion des fonctions électorales et parlementaires, comme aussi de l'instruction publique et de tous les emplois civils en dehors de la vie privée.

Dans cette marche à l'encontre du clergé, ma seule arme sera l'Évangile; mes points d'appui, l'histoire de la France, et les faits contemporains.

Le clergé n'étant pas exclu comme électeur, qu'arrivera-t-il?

Tout séminariste âgé de vingt-et-un ans votera, de même tout abbé : les évêques, les archevêques voteront; les Frères de la doctrine chétienne, les Religieux de tous les couvents, Franciscains ou Dominicains, nés français, voteront.

Et cette armée ecclésiastique, dont je laisse à penser le nombre, déposera, comme un seul homme, dans l'urne nationale, une liste rédigée par l'archevêque de Paris, visée à Rome.

On voit déjà ce que deviendra la liberté des élections cléricales, puisque les choix seront commandés d'avance par l'autorité supérieure. A qui profitera le vote? Au clergé seul.

On ne saurait faire ici de comparaison avec l'Armée, car elle a son indépendance réelle en dehors de l'obéissance passive. Tout dans l'armée se passe au grand jour, au vu et au su de la nation.

Dans le clergé au contraire, tout est mystère; rien ne transpire des cloîtres et des couvents, aucun inspecteur en dehors du clergé, ne pénètre dans ces solitudes administrées par des lois que nous ignorons tous. C'est là ce qui toujours a constitué la force d'une institution, murée dans le sein de la nation, et qu'à peine jusqu'à cette époque, la nation a osé surveiller. Avant l'attentat de Léotade, aucun laïque n'avait franchi le seuil de cet asile, où pourtant une partie de la ville envoyait ses enfants étudier. De fait, le monde subit l'influence d'un respect de dix-huit cents ans, qui lui défend l'examen comme un outrage, tandis que l'Université visite nos écoles et nos lycées.

Continuons. — Si le clergé peut être électeur, il sera aussi éligible. Aucun doute qu'il n'arrive alors, à mettre au sein de l'assemblée nationale quelques-uns de ses membres, dont il augmentera le nombre à chaque session, car souvenez-vous que les listes de l'archevêque sont sans réplique.

Faites le compte des voix que lui procureront les influences de toute nature, influences toujours occultes, comme les pensées qui se disent au confessional où vont nos femmes et nos filles.

Ainsi vous l'aurez voulu; ces hommes, au sortir du sacrifice de la messe, où ils disent avoir communiqué avec Dieu, lui avoir prescrit de descendre tout sanglant à telle heure, quitteront cette conférence divine pour se rendre à l'assemblée nationale. Il n'est pas sans intérêt pour la nation de savoir si ce même Dieu, qu'ils évoquent à volonté, soit à la messe, à confesse, aux bénédictions de toute sorte, les accompagnera aussi à l'assemblée nationale, et si leur carte de député servira pour deux.

Ne pressentez-vous pas qu'ils veulent greffer la Divinité sur la puissance du jour, et que Dieu leur paraît stérile sans un appui humain?

Ce dont vous ne pouvez douter, c'est que le prêtre représente toujours et partout, l'Église.

Or, l'assemblée nationale représente le pouvoir.

Donc, mettre le prêtre dans l'assemblée nationale, c'est mettre l'Église dans le pouvoir.

L'Église partout où elle est, l'histoire de dix-huit siècles le prouve, domine et absorbe. Ainsi vous consentez à ce que l'Église domine et absorbe le pouvoir. Elle le fait encore aujourd'hui, j'en donnerai la preuve plus loin.

Une fois dans l'assemblée nationale, quelle puissance pourra dire au clergé — tu n'iras pas plus loin ; quelle loi l'empêchera de viser au ministère, et de nous donner un second Frayssinous en 1848. — Pourquoi non ? En fait de lois, tout ce qui n'est pas défendu est permis. Et pouvant être député qui lui défendra d'être maire ?

Le vrai prêtre, s'il était indépendant, protesterait contre l'ordre qui lui enjoint d'affronter une vie publique en désaccord avec ses fonctions.

Toujours le clergé ne peut-il échapper à ce dilemme : ou il est inutile à son poste dans l'église, alors pourquoi l'y nommer et payer ; ou il y est utile, pourquoi l'en déplacer. C'est une triste alternative pour des hommes qui se disent indispensables.

Nous verrons un archevêque monter à la tribune, et dire *citoyen*, quand on lui renverra du *monseigneur* [1].

Siégera-t-il en habits sacerdotaux, afin d'en laisser autour de lui rayonner l'influence ?

Quelle sera sa place ? — au centre, à droite, à gau-

---

1. L'article 12 du concordat est ainsi conçu :

Il sera libre aux évêques et archevêques de porter le titre de *citoyen* ou de *monsieur*, toutes les *autres* qualifications *sont interdites*.

che? Non, — il sera à Rome. Que devient l'instruction publique?

Que devient la nation, ayant ses registres de mairie pour contrôles de ceux de la paroisse, les maires pour marguilliers, les prêtres pour officiers municipaux, et représentants du peuple et de Dieu. Cumul sans nom, qui va déporter le mariage dans le pays des sept sacremens ; et sur les portes de la ville nouvelle on lira des mandements de la cour de Rome, contre-signés par un membre du pouvoir législatif.

Ainsi la France aura vainement en *quatre-vingt-treize*, pour émanciper l'intelligence, séparé l'état-civil de l'Église, la raison de la foi.

Les prêtres vivent en dehors des lois humaines, et des lois sociales. — Des lois humaines ; en répudiant le mariage, non comme hommes isolés, mais parce qu'ils imposent par des vœux ce sacrifice à toute une corporation dont les membres n'osent plus, le voulant, rentrer dans la vie commune. — Des lois sociales : en échappant à la fois à la conscription, à la garde nationale [1] et à presque tous les impôts qui pèsent indistinctement sur le fermier, le propriétaire, le commerçant, sur tous les travailleurs.

1. Les instituteurs sont exempts de la conscription, mais ils font partie de la garde nationale.

Les magistrats ont pris part au service jusqu'à l'époque de leur entrée en fonctions. Alors, ils siègent au tribunal *pour l'intérêt de tous,* tandis que chacun sans exception, peut contester l'utilité du prêtre.

Ces hommes donc, vo'eraient et discuteraient l'im-pôt, ne le payant pas ; décréteraient des lois sur la garde nationale et l'armée, se trouvant à l'abri de tout service militaire. — Ils voteraient et discuteraient les lois qui régissent notre industrie, eux qui y sont complètement étrangers.

Ces hommes enfin, qui pour code d'instruction ont un catéchisme qui déprave l'intelligence de l'enfant, [1] en lui donnant pour loi suprême de croire sans comprendre, iraient voter, eux à qui l'instruction du jour manque sur les sciences naturelles, nos lois sur l'instruction primaire, ou sur les sciences transcendantes !

Mais où donc, est la seule loi qui soit de leur compétence ?

Celle sur la religion. Elle existe depuis longtemps, et se borne à ces deux mots : *liberté et protection égale pour tous les cultes.* — Certes, ils ne prétendront pas avoir fait cette loi là. — Elle a été faite au contraire, belle et sage en dépit d'eux, qui trop souvent ensanglantèrent le monde par leurs guerres de religion.

Ainsi la seule loi qui pouvait être de leur compétence, n'a été bien faite que parce qu'ils n'y ont pas mis la main. Que dire de celles qui ne sont pas à leur portée ?

Ils sont complétement inutiles dans l'assemblée nationale ; mais je veux démontrer qu'ils y sont dangereux, ainsi que dans l'instruction publique. Alors

---

1. Voir à la fin de l'ouvrage, le chapitre des Livres et des Mystères de l'Eglise.

j'aurai atteint le but que je me propose, celui d'éclairer la nation, dans un mo nent où par les mots de religion et de Dieu, répétés chaque jour à la tribune et dans les lieux publics, on prépare un règne théocratique d'autant plus dangereux qu'il y a récidive.

Au sortir d'une crise violente, la nation qui souffrait s'abandonna facilement à ceux qui les premiers, s'offrirent à panser les blessures. Elle céda sans réserve comme un enfant malade.

Mais il y a cette différence, qu'une fois le mal dissipé, le médecin cesse ses visites : tandis que le ministre du culte déclarant l'humanité incurable dès le berceau, lui administre sans cesse les mêmes spécifiques, endort ses douleurs sans réparer ses forces, et conduit ainsi jusqu'aux portes de la tombe sous le manteau de l'église, l'homme qui croit avoir vécu, parce qu'il a toujours eu près de lui son médecin de toutes les heures.

C'est aujourd'hui qu'il convient de dire à la face de tous, que la nature est assez forte de son tempérament et Dieu aussi.

Neuf cents hommes représentent tout un peuple, parce qu'ils sortent du sein même de ce peuple. Où sont donc ces êtres privilégiés sortis exceptionnellement du sein de la Divinité — et qu'ambitionnent-ils ?

C'est une religion de l'État.

Nos codes la proscrivent. — Mais elle existe de fait, la religion catholique romaine étant toujours, à l'exclusion des autres cultes, appelée dans nos fêtes,

Cependant la nation ne peut revêtir *une croyance*

particulière, lorsqu'elle les protège *toutes* également.

Son rôle est la neutralité,—et la place des cultes, sous peine de répression est dans leurs temples respectifs. La même loi qui les y protège, leur défend au nom de la liberté, de promener sur nos places publiques. les symboles d'une croyance qui n'est pas *acceptée par tous*, et qui indique le schisme et non la fraternité.

Voilà pourquoi l'État, garant des droits de chacun, et soumettant la *partie* à la loi du *tout*, excluera désormais de ses fêtes civiques, les cérémonies religieuses.

En cela plus chrétien que l'Église, il suivra ponctuellement le précepte du Christ qui dit, chapitre VI, par la voix de saint Matthieu :

« Lorsque vous prierez, *vous ne ferez pas comme les*
» *hypocrites* qui aiment à prier debout dans les syna-
» gogues et *dans les angles des places publiques, afin*
» *d'être vus des hommes* [1]. Je vous le dis en vérité, ils
» ont reçu leur récompense.

» Pour vous, quand vous prierez, *entrez dans votre*
» *chambre* [2], et en ayant fermé la porte, priez votre

1. Ce qui veut dire que les églises, processions et reposoirs sont en opposition avec le Christ.

2. Voici le texte du catéchisme, page 95.
D. Suffit-il d'adorer Dieu *intérieurement ?*
R. Non. — Il faut lui rendre un culte *extérieur.*
Donc l'Église dit positivement le contraire de l'Évangile.

» père en secret, et votre père qui voit dans le secret,
» vous le rendra.

» *Ne multipliez pas les paroles* [1] *en priant*, comme
» font les payens, car ils s'imaginent être exaucés, à
» force de paroles.

» Ne leur ressemblez pas, *car votre père sait ce dont
» vous avez besoin*, avant que vous ne le demandiez. »

Évidemment ce dernier paragraphe, une fois l'Évangile imprimé, renvoie le clergé au temps du paganisme dont il nous étale la pompe, enlaidie par la main de l'Église.

1. L'exemple des paroles multipliées, dans les livres de messe et catéchismes sont trop nombreux pour être tous rapportés. — Je me borne au catéchisme : — Les enfans, le matin, chez les Frères lisent sans reprendre haleine, des litanies qui contiennent près de deux cents phrases dans le genre de celles-ci :

Seigneur ayez pitié de nous.	Vaisseau honorable.
Jésus de paix.	Rose mystérieuse.
Jésus, force des martyrs.	Tour de David.
Jésus, lumière des confesseurs.	Tour d'ivoire.
Jésus, pureté des vierges.	Maison dorée.
Etc.	Arche d'alliance.
. . . .	Porte du ciel.
Sainte-Vierge.	Etoile du matin.
Mère pure.	Reine des confesseurs.
Mère chaste.	Etc. . . . .
Miroir de justice.	. . . .
Vaisseau spirituel.	. . . .

Il y a aussi le texte en latin qui n'est pas moins clair.

De quel droit faites-vous subir un pareil cérémonial en pleines rues, à ceux qui sont libres de penser comme Jésus?

Vous contrevenez à la loi du Christ, voire à celle du Concordat, qui dit article 45 :

« Aucune cérémonie religieuse n'aura lieu en *dehors*
» *des édifices* consacrés au culte catholique, dans les
» villes où il y a des temples destinés *à différents*
» *cultes.* »

Espérons que la prochaine loi ne sera pas faite pour telle ou telle localité, car sur tout le territoire de la France un seul temple debout, de culte non-catholique romain, pose une barrière aux processions du clergé. Cet article décèle l'esprit de l'Église : en trois lignes, elle défend et permet; et l'autorité municipale, le Code à la main, n'ose pas encore faire exécuter la loi.

Si aujourd'hui l'Assemblée nationale ne protége notre liberté religieuse, demain toutes nos villes soumises comme un enfant de l'école des Frères, vont tendre des draps et des fleurs sur le passage d'un homme que la loi devrait punir, *flagrante delicto*.

Une autre ordonnance [1] *non encore abrogée*, prescrit aux postes militaires de se porter sur le passage du Saint-Sacrement, de présenter les armes, mettre le genou en terre, et de fournir au cortége une escorte suffisante.

---

1. Ordonnance du 1ᵉʳ mars 1768 et décret du 24 messidor, an x.

Faire exécuter une pareille ordonnance (qu'on suit en province), c'est reconnaître une religion de l'État; car l'armée ici représente le pouvoir. Or, le pouvoir ne doit pas se mettre officiellement à la disposition d'une croyance particulière : voilà pour le droit.

Quant au fait, notre armée ne se recrute-t-elle pas aussi parmi les Protestants et les Israélites. Quel emploi faites-vous donc de l'obéissance passive? la logique répugne à un pareil service : Dieu est partout sans le prêtre, — avant et après. Le prêtre ne fait donc qu'y ajouter sa personne; c'est devant lui que vous pliez. Il porte Dieu, dites-vous? Son Dieu tient par centaine dans un ciboire; le nôtre, le monde entier à peine lui suffit. La nation a le droit de voter.

Mais qui donc a jamais vu un de ces hommes à genoux devant un laïque? Ils répondent qu'ils s'inclinent devant Dieu seul. Eh bien, faites comme eux, tant qu'ils ne vous auront pas prouvé qu'ils sont la Divinité. — Voyons leur brevet? Il y a au bas une signature, mais c'est la leur : voilà leur mandat.

Ces hommes n'ont de caractère officiel que celui qu'ils se donnent. Et c'est devant eux, qu'un pouvoir exécutif issu de la souveraineté nationale, s'agenouille tout armé!

Ils sont donc plus que le peuple: — Ils le disent, le signent, et nos lois le sanctionnent.

Hâtez-vous, citoyens, de ressaisir vos droits; demandez aux magistrats d'abroger des lois complices de l'usurpation.

Que désormais la garde nationale et l'armée portent les armes, seulement aux chefs de la république.

Que la nation entière salue avec respect ses représentants, ses chefs de corporation ; voilà un imposant spectacle : la force saluant la justice.

Ne craignez pas qu'une fête manque de dignité, parce que le clergé y manquera. Cette idée vous prend-elle, lorsque vous pénétrez dans le sanctuaire des lois, et qu'instinctivement vous vous découvrez en présence du magistrat de qui dépend la vie ou la mort de l'accusé. Est-il besoin d'autre majesté, que celle qui résulte du caractère même des personnes qui réunies en corps, accomplissent un mandat décerné par la nation : tels sont nos députés.

Concluons donc que le clergé ne saurait figurer dans nos fêtes publiques, puisqu'il n'est pas également reconnu et accepté par tous.

Tandis que nous avons les mêmes chefs, les mêmes magistrats, les mêmes lois pour nous régir, eux ont une loi à part, qui ne se croit pas solidaire des nôtres [1], et leur chef habite une terre étrangère.

Ces hommes enfin, répudiant le mariage, renient ce qui pouvait les assimiler à Dieu, qui nous mit sur la terre pour créer par le corps et par l'esprit.

Voyez, cette même virginité qu'ils professent inégalement pour le corps, ils l'ont complète pour l'esprit. Car réunis depuis dix-huit cents ans, sous un même

---

1. Le procès de Toulouse.

chef, méditant, écrivant, ont-ils ajouté une ligne de connaissances nouvelles à celles que leur ont léguées leurs prédécesseurs [1].

Quel est le corps enseignant qui n'apporte au moins tous les cinquante ans, un progrès à un progrès et n'ajoute ainsi, de siècle en siècle, un anneau à la chaîne sans fin des connaissances humaines.

Eux, c'est le contraire :

Un homme sublime, héritier des Lycurgue et des Socrate, vient créer une ère nouvelle, en prêchant une doctrine si pure, que tous la disent divine.

La fin mystérieuse de Lycurgue, la mort héroïque de Socrate, se trouvent divinisées par le supplice de la croix.

De simples pécheurs répandent parmi les hommes les paroles de Jésus.

Un livre existe, qui contient sa morale évangélique. Toutes les pensées qui y sont exprimées sont filles des sages qui précédèrent Jésus. Toutes, filles ou sœurs de celles qui jetèrent un si vif éclat sur le monde payen.

---

1. Le clergé ne saurait revendiquer les génies éclos dans les serres de Port-Royal. Ce qu'il fallait à la nation, c'étaient des écoles partout et non des instituts privilégiés ; ses titres de gloire sont des brevets d'injustice.

Plus il vantera son savoir du moyen-âge (savoir-relatif), mieux il endossera le blâme du monopole et de l'égoïsme. Cependant la France se fut instruite rapidement, si les successeurs de Charlemagne eussent perpétué et multiplié les petites écoles, créées par ce conquérant. Tant il est vrai que la véritable grandeur ne craint jamais la lumière. — Le clergé régna sur l'ignorance.

Ces pensées accumulées par le temps, posées une à une, par une main savante, et complétées par le plus grand génie qui ait encore paru sur la terre, ont composé un édifice lumineux, dont Jésus semble avoir jusqu'à présent posé la dernière pierre.

Voilà pourquoi il emploie cette figure : et sur cette pierre, je bâtirai mon Église.

Qu'a fait le clergé : il a pris les pierres au physique et s'en est fait un Vatican.

Quant aux pensées qu'elles représentent, il a agi de même.

Lorsque Jésus nous dit que sa mère a conçu par l'opération du Saint-Esprit, et qu'il y a en lui trois personnes, il voulait nous faire entendre qu'en lui l'esprit dominait la matière, et que sa religion était fille de l'intelligence et non des sens, la distinguant ainsi du paganisme qui avait matérialisé les idées.

Il nous disait clairement qu'il était homme, mais envoyé de Dieu, et inspiré de son esprit.

L'Eglise a animalisé l'esprit, elle en a fait une colombe en chair et en os.

La Minerve de Jupiter était autrement belle.

Le clergé a erré sciemment, car Jésus avertit souvent ses disciples qu'il parle toujours au figuré, et quand il leur arrive de prendre les mots au physique, il s'écrie [1] :

« Comment, vous ne comprenez pas que ce n'est pas

_____

1. Évangile selon Saint-Matthieu. — Chap. 16.

» en parlant du *pain*, que je vous ai dit : gardez-vous
» du levain des Pharisiens et des Saducéens. »

« Alors ils comprirent qu'ils n'avaient pas dû se gar-
» der du *levain* que l'on met dans le pain, mais de la
» *doctrine* des Pharisiens et des Saducéens. »

Telle est aussi la véritable et simple interprétation du
pain et du vin, du corps et du sang ; lorsqu'avant de
quitter ses disciples, il leur recommande par cette mé-
taphore sublime, de garder dans leur cœur ses paroles,
sa doctrine, et d'aller par toute la terre, en nourrir spi-
rituellement les générations à venir [1].

Donc, au rebours des autres corps savants qui s'appli-
quent chaque jour à agrandir la sphère de l'intelligence
humaine, les prêtres la compriment. Et la clarté étant
faite, ils ont interposé leur puissance afin que la lumière qui les éclairât, fit ombre sur la terre.

Et chaque jour le clergé augmentant son armée,
doubla, tripla l'obscurité. Comment le monde aurait-il
pu s'instruire dans un livre, dont le clergé ne lui mon-
trait que le titre dans l'ombre.

Aussi l'Évangile à peine est connu ; Homère arriva
plus facilement jusqu'à nous.

Tels sont, citoyens, les hommes à qui le décret élec-
toral semble au premier abord, vous permettre de
donner votre voix. Si vous pensez que ceux qui ont si

1. Le texte du véritable Évangile est : « donnez-nous aujourd'hui
notre pain *supersubstantiel.* »
                    — Ev. selon Saint-Matthieu. — Chap. 6. —

admirablement compris le moyen de dénaturer une loi divine, sont capables de faire de bonnes lois humaines, nommez-les ;

Sinon, demeurez convaincus qu'un seul membre du clergé est de trop dans l'assemblée nationale, puisqu'il y prend la place d'un membre utile, actif. Que sera-ce, si le nombre en est de dix, vingt, trente. C'est autant de membres utiles dont la place aura été usurpée.

Les fonctions de député veulent un sacrifice de toutes les heures et des notions spéciales; vous avez vu que leur spécialité est de dénaturer le livre du maître.

Il faut que nos députés visitent, s'il y a lieu, nos administrations publiques, nos différents corps d'état; nos ateliers, nos musées, nos écoles de Droit et de Médecine; l'Armée de terre et de mer, les postes de la garde nationale, les travaux publics, nos camps, notre navigation intérieure et extérieure.

Qu'ils fréquentent les lycées, les écoles primaires et supérieures, et puissent assister à toutes nos réunions publiques, fêtes et spectacles, afin de tout connaître et d'apporter à la chambre un vote éclairé, au moins sommairement, sur toutes les questions qui y seront traitées.

Or, ce n'est pas un prêtre avec sa robe noire, qui doit s'immiscer dans de pareils examens. Est-ce de sa compétence? y sera-t-il jamais à sa place?

Si donc, il ne peut rien faire de ce que doit faire un député, pourquoi le nommer? vous faites un acte anti-national. Pourquoi se met-il sur les rangs?

Je vais le dire : C'est afin de pénétrer partout avec sa médaille de représentant, et de compléter au grand jour la puissance occulte de la confession. Ainsi dans l'église, il interroge mystérieusement au nom de la Divinité; hors de l'église, c'est ouvertement qu'il s'impose au nom de la nation.

Plus d'asile, où l'on puisse désormais s'abriter contre la puissance du prêtre. Quelle porte se fermera devant le délégué de la nation ? — L'Eglise se glissera partout sous le manteau national;

Et ces mêmes hommes qui nous baptisent, nous marient, nous enterrent, en double emploi avec la mairie; qui nous catéchisent et font communier, portent le viatique à travers les rues, et à qui la population laisse se bâtir des temples sous le nom de reposoirs, comme au temps du moyen âge, vont aussi siéger dans notre assemblée nationale !

Dieu protégé par le prêtre qui défigure Jésus, va s'asseoir sur nos bancs.

Ces hommes seront donc partout !

Est-il sur la terre une puissance plus grande ?

Je ne craindrai pas d'aller trop loin, en disant que le salut de la république est compromis, du moment qu'elle laisse se former dans son sein un pouvoir tel, qu'aucune force n'y peut faire contre-poids, car il est partout et ne peut se saisir.

Ne dites pas, les temps sont changés, et le clergé d'hier n'est plus celui d'aujourd'hui. Chez eux, il n'y a ni veille, ni lendemain. Les hommes qui dirigèrent la Saint Barthélemy, sont bien les mêmes qui révoquèrent l'édit de Nantes, et confessèrent Louis XV et ses maîtresses.

La main qui ferma les portes de l'église devant le cercueil de Molière, est bien celle aussi qui livra aux flammes, les Œuvres de Jean-Jacques ; et qui de nos jours, fit conduire à la *Force*, les courageux apôtres de notre liberté, et de la tolérance.

Ceux enfin qui baptisèrent Clovis et sacrèrent Charles X, sont les mêmes qui aujourd'hui, ne sachant plus quoi sacrer, bénissent sur les places publiques, nos symboles de liberté.

Eux qui se disent en tout nos supérieurs, et devant qui le peuple s'agenouille, vont donc se courber pour passer sous les portes de l'assemblée nationale. Ils ont oublié qu'on n'entre pas en armes dans cette enceinte. Huissiers ! faites exécuter la consigne : ces hommes portent une cuirasse sous leur costume de prêtre, cuirasse sacrée où se sont émoussées les flèches de Molière.

Qu'on nous donne des armes égales, où je crierai : Il y a assassinat, et non duel.

La nation est témoin, et attend. Mais ils se taisent ; ils n'ont garde d'abandonner ce qui fait leur puissance presque surhumaine, seulement ils veulent y ajouter encore. Ils prennent toujours et ne lâchent jamais, comment ne deviendraient-ils pas formidables.

Voyez, Dieu ne leur suffit plus ; les ingrats désertent le temple qui les nourrit dix-huit siècles, et restent sourds à cette voix du Christ :

« Si quelqu'un veut venir après moi, qu'il renonce à
» lui-même, prenne sa croix et me suive. »

De tout ce qui précède on peut conclure :

1° Que la manière de vivre du clergé en dehors des lois humaines et sociales, le met dans l'*impossibilité réelle* de représenter la nation ;

2° Que cette impossibilité résulte en même temps, de l'impuissance du clergé à pouvoir se mêler de la partie active à laquelle donnerait lieu son mandat de député ;

3° Que le clergé ne doit pas être admis à figurer dans nos fêtes civiques, puisqu'il n'est pas également *reconnu et accepté par tous.*

Il n'en est pas de même des autres corps d'état ; car tout en exprimant une profession particulière, ils sont *utiles à chacun :* — Là est la différence.

Tel, est magistrat, mais ce magistrat, on ne peut le *récuser, ou s'en passer à volonté.*

Tel autre, architecte, menuisier, maçon, agriculteur, etc. tous les travailleurs ont une spécialité dont la nation entière, ni les particuliers *ne peuvent se passer.*

Voilà précisément pourquoi ils font corps avec l'État. Ce qui n'est nullement applicable au clergé.

ADDENDA.

Au moment de mettre cet écrit sous presse, les prévisions marquées aux premières pages du livre, s'accomplissent fatalement :

Les animosités religieuses recommencent, le sang coule dans nos départemens ; et c'est au milieu de ces dissentions que le clergé ne craint pas, au prix de la guerre civile, de faire insérer au *Messager du 13 juin*, l'avis suivant :

« Les ministres de l'Intérieur et des Cultes consultés
» sur la sortie des processions religieuses, ont ré-
» pondu qu'elles *devaient* être permises sous le régime
» républicain, comme sous celui de la monarchie,
» *toutes les fois que l'ordre n'en pourrait être troublé.* »

Cette phrase contient deux propositions : ce sont deux chefs-d'œuvre.

Il y est dit d'abord que deux ministres se sont réunis pour décider que la loi du Concordat ayant toujours été violée sous la monarchie, il était convenable, sous le régime républicain, de ne pas priver le clergé, de la même liberté.

Ensuite, on ajoute qu'il est permis de désobéir aux lois, toutes les fois que cela ne causera pas de troubles.

« Car ce n'est pas pécher, que pécher en silence. »

Ainsi, tant que les citoyens ne sortiront pas dans les rues pour se gendarmer contre les délinquants, le gouvernement permettra qu'on contrevienne aux lois. — Les passants deviennent chargés de la police, et chacun est autorisé à se faire justice.

Voilà le résultat de la consultation.

Les ministres ont-ils signé un ordre contraire à une loi? —Voyons-le, afin que le tribunal instruise.

La permission est-elle verbale? — Elle ne compromet pas, mais en même temps, ne peut autoriser les Municipalités, qui relèvent du ministère de l'Intérieur, à enfreindre une loi existante.

Y a-t-il substitution d'un pouvoir à un autre? — Le Code pénal (art. 114) punit l'auteur du crime par la dégradation civique.

Qui donc, lorsque nos Représentants font des lois, se permet de détruire celles qui existent?

En attendant que l'instruction judiciaire nous l'apprenne, comme la loi existe, elle doit être exécutée, afin qu'on ne puisse accuser l'assemblée nationale, notre seul juge aujourd'hui, d'avoir pour les laïques et pour le clergé, deux poids et deux mesures.

Il est important qu'une dépêche télégraphique porte en quelques heures à nos provinces, cette nouvelle : qu'un article de journal suffit à constater une usurpation de pouvoir, mais non à abroger des lois, et que la république n'entend pas inaugurer sa constitution par la révocation de l'édit de Nantes. [1]

CorollaiRe.—La constitution à venir ne saurait por-

1. Les processions auront lieu cette année les 25 juin, et 2 juillet.
Cette page 24, imprimée à part, a été envoyée directement dès le 18 juin, aux autorités administrative et judiciaire. Force restera-t-elle à la loi — ou au clergé, contre la loi?

ter ces mots : La religion catholique[1], apostolique et romaine *est professée par la majorité des Français*, par la raison qu'une constitution enregistre des *droits*, et non des faits, laissant ces derniers à l'histoire. Que dirait-on d'une constitution commençant ainsi :

Le gouvernement monarchique est adopté par la majorité des peuples.

[1]. Le mot catholique veut dire universel. — Donc il n'est pas applicable à l'Église.

Jusqu'à présent il n'y a que Dieu qui soit catholique.

II

Jésus était venu pour briser le culte des images et des symboles matériels, les prêtres l'ont rétabli...

Jésus disait : Priez dans votre chambre; les prêtres ont dit : Priez en public, et chez nous.

Pour cela, ils se sont bâti des maisons différentes de celles des autres hommes, et leur ont donné le nom payen de temple.

Alors ils persuadèrent au monde que Dieu ne pouvait être prié directement; qu'il fallait entre Dieu et l'homme, un prêtre : voilà la création.

L'homme le prêtre et Dieu : trio stérile, qui tue la fécondité du tête-à-tête prescrit par Jésus, comme emblême de méditation.

Mais ce vol sublime de la pensée vers le ciel n'a pas été approuvé par l'Église. Elle ne comprend pas qu'il y ait communication entre l'homme et Dieu; et selon elle, pour arriver au ciel, la pensée a besoin de passer par l'oreille et par la bouche du prêtre.

Elle a créé la voie indirecte, et s'est constituée, par l'organe de ses ministres, interprête perpétuelle entre Dieu et l'homme. Comme on dit à Dieu ses plus intimes pensées, les prêtres savent tous les secrets du monde. Ne vous étonnez plus s'ils tiennent le monde entier sous leur dépendance.

Si l'Église ne reconnaît pas la voie directe entre l'homme et Dieu pour le voyage de la parole, à plus forte raison pour toute espèce d'objet matériel. Elle s'est fait entrepositaire, et tout homme qui aura des maisons, des châteaux, de l'or ou des pierres précieuses à faire parvenir au ciel, sait à qui s'adresser.

L'envoi ne regarde plus que le clergé.

Certes, on ne fera pas le reproche à cette administration, d'avoir adressé à Paul ce qui est à Pierre ; du moins Pierre ne s'est jamais plaint.

Dire que ce soit un service public : non, mais la nation le paie. Seulement il est une particularité de l'administration : c'est que jusqu'à présent le dépôt a constaté la propriété.

Dieu leur demandera ses comptes au jour du jugement dernier, — car Jésus, dans son code, a prévu le cas de captation.

C'est l'apôtre saint Matthieu qui donne le texte. Or vous savez que cet Évangéliste, avant de suivre le Christ, était receveur de tribut. Il devait connaître les lois qui garantissent la propriété, — aussi s'écrie-t-il avec une certaine amertume :

« Malheur à vous, scribes et Pharisiens hypocrites, » *qui dévorez les maisons des veuves*; c'est pourquoi » vous recevrez un plus sévère jugement. »

Ainsi, l'invention de la voie indirecte que j'avais cru l'œuvre des prêtres, n'est pas nouvelle.

L'idolâtrie existait avant eux.

III

La dévotion est une croyance qu'on vaut
mieux qu'un autre.

— Montesquieu. —

Le clergé est immuable. — L'univers c'est différent :
— Les astres roulent et se modifient dans leur course.
— La terre se renouvelle chaque jour. — L'esprit des
peuples marche, se simplifie et s'épure. La civilisation
avance dans les siècles en dépouillant ainsi que la
chrysalyde, sa robe vieillie, pour s'élever vierge de
préjugés, dans un monde nouveau toujours renais-
sant. — Le prêtre seul, garde sa robe éternelle.

Il met sa gloire à ne pas changer. Trésor de présomption sur lequel est écrite cette pensée, à la face de
tous : depuis six mille ans, de frères en frères, nous
avons été créés complets. C'est ainsi qu'il nous rap-
pelle sans cesse à l'ordre. —Le dôme de l'église est toujours au-dessus de sa tête. Il se promène environné
du temple. — Il marche, parle, écoute, conseille, vote
en prêtre.

C'est d'eux que Jésus a dit :

« Ils font les œuvres pour être vus des hommes, et
» portent les franges les plus longues.

» Ils aiment les premières places dans les festins, et
» les premiers siéges dans les synagogues.

» Et qu'on les salue dans les lieux publics, et que les
» les hommes les appellent maîtres. »

Voyez notre assemblée nationale :

L'architecte vient-il avec son équerre, le chirurgien
avec son tablier de la clinique, ou l'avocat avec le costume de l'audience? Non. — Chacun dépouille les
insignes de sa profession particulière, pour revêtir en
entrant dans le palais national, la robe de l'égalité ; —
le prêtre seul ne change pas; Il a endossé Dieu le
matin à son lever, et le promène partout.

Un abbé monte à la tribune, vous croyez que c'est
un représentant du peuple qui a parlé, — erreur. —
Un ministre lui succède, — il ne dira pas *citoyen* à un
membre de l'Église, il sait son monde; — il en fait
un ministre, et lui donne le portefeuille de la paix [1].
Puis à la suite du prêtre, vient de rigueur, Dieu : Toujours après, jamais avant. — C'est là toute la religion.
Le prêtre est à proprement parler, la bonne d'enfant de
Dieu, qui ne peut faire un pas dans le monde sans les
lisières du clergé. Que les prêtres le nient: alors il n'y
a plus de prêtres si Dieu est assez grand pour marcher
tout seul.

1. « Quand j'entendais tout à l'heure la voix illustre, d'un ministre
» de paix vous recommander........ »   (Séance du 9 mai).

Ce divin pupille n'a pas encore atteint sa majorité. Un moment il crut tromper la surveillance, — fausse joie, — le concordat l'oblige à prêter serment.

L'article 51 est ainsi conçu :

« Les curés aux prônes des messes paroissiales, » prieront et feront prier pour la *république française et* » *pour les consuls.* »

Le même Dieu, prié par les mêmes hommes pour encenser un consul, ou l'empire, ou Capet, est donc par vos lois décrété moins libre que le citoyen affranchi de tout serment?

Vous le voyez, Dieu n'est pas libre avec le clergé, — qu'en sera-t-il des hommes ?

On frappe des monnaies avec cet exergue « *Dieu protège de la France.* » Que pensera-t-on, de la Divinité dans les autres nations? Ou si elles sont toutes également protégées, que n'y mettez-vous ces mots : — Le soleil luit à Paris.

Tant qu'on laissera dans le maillot, le peuple avec ses vieux langes, on n'aura jamais qu'un peuple enfant.

Vous qui gouvernez, agrandissez le cercle des idées, à mesure que l'horison s'élargit. Bâtissez à neuf sur un terrain nouveau.

Eh quoi! vous dites à la nation : abdiquez les influences locales pour ne voir que le pays, et vous allez, sur notre monnaie qui court le monde, imprimer que nous avons un Dieu pour notre clocher.

Je le vois, ce n'est pas seulement la France qu'il faut émanciper, c'est aussi la Divinité.

Que ceux qui ont des oreilles qui entendent, entendent.

C'est un Dieu libre qu'il nous faut, dans un État libre.

IV

Cependant la mission du clergé était sublime. Ces élèves du Christ pouvaient aux premiers rois de la France, prêcher l'égalité; à un peuple naissant, la liberté; à tous, la fraternité.

Ils n'en firent rien. Laissant les peuples dans l'ignorance, ils soufflèrent dans l'oreille des rois, la peur. Ils furent savants dans l'art de dominer. Le flambeau du Christ, ils le tenaient renversé, et présentaient au monde enseveli dans l'ombre, l'image sanglante d'un homme crucifié. Qui donc n'aurait eu peur d'une telle vision.

C'est ainsi qu'ils marchèrent de monarque en monarque jusqu'à ce qu'il n'y en eut plus. Quelle leçon pour la république naissante !

Sur plus de soixante rois à confesseurs, un seul fut grand et humain, c'était un huguenot. On lui doit un édit de tolérance, révoqué plus tard par un roi grand catholique; mais si Henri IV vécut aimé et respecté sans le secours du clergé, il ne put s'en passer pour mourir.

Ainsi ceux qui ne se confessent pas on les tue. Le clergé ne peut souffrir le partage. — Tout ce qui n'est pas à lui, semble lui avoir appartenu, et c'est par esprit de justice qu'il usurpe.

Son idole est la domination. Pour arriver à ce but, il varie les moyens suivant les époques.

Au moyen âge, il massacre ou brûle; sous Louis XIV et Louis XV, il exile; sous Louis XVIII il emprisonne.

De là, on peut remarquer que la pensée unique du clergé, celle de régner, a des formes qui sont toujours en harmonie avec la marche de l'esprit humain. Il n'est pas positivement ennemi du progrès.—C'est là sa force; car en polissant les instruments de sa puissance, à mesure que les siècles se civilisent, il obtient toujours le même résultat, à toutes les époques. Sous Charles X et Louis-Philippe, le clergé signait lui-même ses arrêts; aussi, sur plus d'un procès illustré par l'accusé, on lit ces mots : *Outrage à la religion*; ce qui veut dire : *Au nom du clergé.....*

Depuis la république, il ne signe plus : voilà la métamorphose pour l'ère républicaine. — Il fait signer. Il dirige la main qui écrit le décret, son nom n'est pas au bas, mais on reconnaît l'écriture, c'est un autre qui endosse.

Je vais signaler ces décrets émanés d'une autorité dont nul pouvoir jusqu'à ce jour, n'a pu s'affranchir. — La raison en est simple : le clergé ne conseille pas les hommes qui sont au pouvoir, parce que la chute de la puissance augmente toujours la sienne. Il conserve ses avis impérieux pour la *bourgeoisie* et la *campagne*, là il domine sans crainte d'éveiller les soupçons.

De sorte que l'homme haut placé, s'aidant du clergé qui nivelle les intelligences, s'inquiète peu qu'il domine avec lui, cela ne l'atteint pas. Les autres ferment les yeux ou courbent la tête. Tout est convention. — Mais l'histoire est là, — sous la théocratie la France a toujours été mineure.

L'assemblée constituante peut, en émancipant la nation, affranchir le monde.

V

` Le 24 février, la monarchie tombe. Le clergé n'a pas même le temps de lui porter le viatique. — Il s'en inquiète peu. Mais voyant un enfant qui se débat dans les bras du peuple, il accourt le baptiser sans s'informer si les parents sont catholiques ou protestants. — N'importe, il faut que l'enfant soit catholique romain,

— Pour cela, le clergé descend exprès dans la rue, et tient sur les fonts ce nouveau né dont on ne l'accusera certainement pas d'être le père.

Puis sans attendre seulement que l'enfant ait été reconnu à la mairie, il lui administre le 23 avril, la première communion.

Voici le rapport *vu et approuvé*, qui assure provisoirement le sacrement. (Il s'agit d'un diplôme d'instruction primaire.)

. . . .

« — Dans l'époque de l'année où nous sommes (23 » avril) cette mesure vient *à propos*, le cours des

» classes dans les institutions primaires de Paris est
» continuel, de sorte qu'il n'existe pas à proprement
» parler *de fin d'année*, si non à cette époque, où le jour
» de la *première communion* qui s'approche donne à
» une multitude d'enfants, le signal de quitter la
» période de l'école, pour rentrer dans celle de l'ap-
» prentissage.

» C'est à cet essaim d'enfants que s'adressera le di-
» plôme dont il s'agit, et ils l'emporteront avec eux
» dans l'apprentissage, joignant ainsi le souvenir de
» cette émancipation solennelle de l'instruction pri-
» maire, avec celui de leur *première communion.*

» Et les concurrents après avoir reçu de vos mains,
» monsieur le ministre, non pas une couronne, sym-
» bole d'une vanité que la république condamne, mais
» un rameau fleuri du printemps, etc. »

Ce n'est certes pas de bon cœur que ce rapport a été
écrit. Le style trahit l'étranglement. —M. Jourdain aurait
simplement dit : à l'époque de la première communion,
on délivrera le diplôme d'instruction primaire, c'eut été
plus clair; mais cela aurait frappé tout le monde, il
fallait ne frapper personne, et avancer.

Le ministre de l'Instruction publique veut qu'il
y ait une religion de l'Etat, et pour lui, instruction
publique, veut dire instruction catholique *romaine.*
C'est un décret qui n'est pas fait pour les Protestants,
ni pour les Israélites. Il y a envahissement. — L'Eglise
déborde. Toutefois on ne fera pas reproche à l'Uni-

versité, d'avoir oublié son catéchisme où il est dit, page **82** :

» D. Peut-on se sauver hors de l'Eglise. — R. Non,
» hors de l'Eglise il n'y a pas de salut. (Avis à la
» république.) — D. Quels sont ceux qui sont hors de
» l'Eglise. — R. Ce sont les Hérétiques, les Schis-
» matiques, les Apostats, les Excommuniés, (c'est
» tout.) »

Ainsi, cette légion de malheureux sera privée des branches de lilas que promet la fin du rapport.

C'est un rapport de saison. La nation se trouvera embarrassée de récompenser le mérite en hiver ; le Grand-maître a confondu la couronne civique avec celle héréditaire. — La nation s'étonnera, je puis même dire qu'elle ne saurait supporter que dans un pays, où toutes les religions sont également protégées, grâce à un Huguenot, on vienne décréter d'urgence, en un temps de provisoire, la première communion.

Là, est évidemment le doigt de l'Eglise.

Il y a de l'imprévu dans ce rapport. Tout pivote autour de la première communion, comme avant 1789, l'état civil autour de l'église.

La mesure, y est-il dit, viendra *à propos*, non pas pour les autres cultes, je crois. Quel rapport y a-t-il donc, entre la première communion et l'apprentissage ? Il n'est pas avoué par le clergé, mais le voici : Une fois l'âge de raison venu, l'enfant ferait bonne justice de ce qu'il ne comprend pas, et il aurait raison. Or, à l'époque de l'apprentissage, l'esprit commence à se développer : voilà l'à-propos. — Et ceux

qui instruisent les enfants, gouvernent les pères. Con-
cluez.

Ainsi la transformation dont j'ai parlé de la puissance du clergé, est bien réelle. Le clergé ne violente
plus, il se perdrait. Mais il se glisse sous la main du
ministre, et c'est au milieu des fleurs qu'il nous montre
la première communion.

———

L'acte par lequel a débuté le clergé date de plus
haut.

Aux premiers jours de mars, le ministre des Cultes
rendit un décret, pour prier le clergé de vouloir bien
attirer les bénédictions du ciel sur la république :
comme si l'on pouvait décréter Dieu, en 1848 !

On dira que la loi existe [1]. C'est vrai ; il y a même
une annexe de 1814 [2] *non abrogée aujourd'hui*, qui
porte :

« Que tous les les travaux ordinaires *seront inter-*
» *rompus, le dimanche,* et qu'il est défendu, lesdits jours
» aux marchands d'étaler, de vendre, et d'ouvrir même
» les volets des boutiques.

» Aux ouvriers et artisans de travailler extérieure-
» ment et d'ouvrir leurs ateliers. — Il est défendu aux
» traiteurs de donner à boire et à manger *pendant les*

1. Article 51 du Concordat cité plus haut.

2. 18 Novembre 1814.

» *heures de l'office,* sous peine d'une amende, — et les
» commissaires de police sont chargés des procès-ver-
» baux, etc. » [1].

Voilà la loi sur laquelle le Gouvernement provisoire d'une république de 1848, s'est fondé pour lancer ses décrets.

Je viens prier l'assemblée constituante, de faire justice de pareils décrets. La religion y est dénaturée. Les lois n'y peuvent rien, soit ; mais au moins ne doivent-elles pas sanctionner ce qui est contraire à la liberté religieuse, et introniser dans nos Codes, les commandemens de l'Église.

Comparons le texte de l'Evangile avec celui de l'Eglise, et nous verrons qu'ils sont comme toujours, l'inverse, l'un de l'autre.

Jésus dit (Evangile Saint-Matthieu, chap. 12), *le fils de l'homme est maître du sabat ;*

Et plus loin :

Il est permis de faire le bien le jour du sabat.

Or, travailler, c'est faire le bien. Donc le clergé ne travaille jamais de la vie d'après son propre aveu, puisque ne travaillant pas le dimanche, il fait ce jour-là, positivement la même chose que les autres jours de la semaine. Que le clergé ne s'étonne plus alors, s'il n'enfante rien.

Maintenant voici le texte de l'Eglise, page 99 du catéchisme mis aux mains des enfants :

---

1. Après 1830 la cour de cassation reconnut que cette loi *devait être suivie.* (N. Bacqua, page 687).

« D. Que faut-il faire pour sanctifier le dimanche?
» — R. Il faut s'abstenir des *œuvres serviles*. —
» D. Qu'entendez-vous par œuvres serviles?—R. J'en-
» tends les travaux corporels, auxquels on s'applique
» *communément pour gagner de l'argent, et faire des*
» *profits.* »

Ainsi le travail est une chose humiliante. Le clergé ne manque pas d'une certaine noblesse.

Ce sont là, les maximes que notre Université permet de propager! Son excuse est qu'elle ne les a pas lues, non plus sans doute que le véritable Evangile. Il n'y a que depuis la découverte de l'imprimerie que les catéchismes existent, et l'Instruction publique a toujours été accouplée aux Cultes. Tout a sa raison. C'est pourquoi il est urgent que l'assemblée constituante décrète la séparation de ces deux attributions; car d'une part, l'Université ne surveille pas l'Eglise; de l'autre, l'Eglise dirige. Quoi de plus conséquent [1].

La marche a été celle-ci :

1° Décret à l'Être suprême.

2° Communion générale, afin sans doute de préparer à la république des citoyens vertueux; comme si les condamnés de la cour d'assises n'avaient pas tous communié au printemps de leur vie. Entre mille, se

---

[1]. Les Cultes ne sauraient avoir un Ministère à part. — Ils rentrent naturellement dans les attributions du Ministre de l'Intérieur. BUREAU DES CULTES. — CORRIDOR A.

reconnait celui qui reçut de l'instruction, mais deux personnes étant données, qui pourra dire : celle-ci a communié.

J'arrive à un autre décret.

A Toulouse, un membre du clergé est condamné aux travaux forcés à perpétuité,— (voilà des œuvres serviles) et à l'exposition publique. — Le jugement est connu à Paris le 8 avril, et déjà le 14, six jours après, le temps de faire quelques démarches et de rédiger un arrêté convenable, le ministre des Cultes fait un rapport sur le considérant duquel, le Gouvernement provisoire décrète comme par enchantement que la peine de l'exposition publique est abolie. L'idée n'en vint pas huit jours plus tôt — c'est là l'à-propos.

Si l'on veut bien réfléchir que tout cela fut fait en deux mois, et dans un moment où les élections devaient beaucoup occuper l'Eglise, on sera porté à croire qu'elle a dû travailler, même le dimanche.

Il convient donc que la place du clergé soit bien marquée en dehors de tout pouvoir national, et qu'il ne puisse être admis ni *aux fonctions de l'instruction publique*, ni *aux emplois civils* en dehors de la vie privée.

L'Evangile mutilé, le catéchisme de servilisme qu'ils professent encore aujourd'hui, prouvent qu'il y aurait danger à leur confier l'éducation des fils de notre république, qui veut désormais des citoyens libres, et des esprits qui raisonnent.

Chaque administration a son brevet de capacité spéciale. L'Eglise a créé le sien. Il est inséré au bulletin de ses lois, page 109, en ces termes :

« D. A quel âge les enfants sont-ils obligés de se
» confesser? — R. Lorsqu'ils ont atteint l'âge de rai-
» son, c'est-à-dire, lorsqu'ils sont *capables d'offenser*
» *Dieu*, environ sept ans. »

Age heureux ! où l'on acquiert avec la raison, la capacité d'offenser plus que son père, Dieu.

On n'accusera pas le clergé d'injustice. Il n'a pas fait d'exception, et dès qu'on arrive à sept ans, on est sûr, en vertu du brevet d'insulte qu'ils ont créé, d'être capable d'entrer au service de Dieu.

Certes ils doivent s'y connaître, depuis le temps qu'ils le servent.

Ainsi ils décrètent à sept ans, l'humanité leur proie, mais comme ce serait trop long d'attendre jusqu'à cette époque, ils baptisent au sortir du néant afin d'ôter la tache des péchés commis au sein de la maternité. C'est aimable pour les parents.

Leur puissance précède la naissance. Ils convoitent le fruit des entrailles, dans les entrailles mêmes ; et avec eux, qui a terme, doit toujours : de sorte que les non-baptisés sont d'éternels débiteurs, — pouvoir unique, accepté par chacun comme le flot de la mer par le second mouton de Panurge.

Voici l'Eglise qui s'emporte :

« D. Est-ce un grand péché de ne pas faire ses
» pâques ? — R. C'est un très grand péché de ne pas
» faire ses pâques, car on désobéit à l'Eglise, (ils au-
» raient pu s'en tenir là.) On scandalise son prochain.
» — et l'on méprise Jésus, dans le sacrement de son
» amour. »

Oh, oh ! — le mot est un peu humiliant pour Jésus.
Ils confondent toujours l'Eglise avec l'Evangile. Il faut
leur pardonner, afin qu'ils nous pardonnent.

Quant au prochain scandalisé — nos lois devraient
punir un délit qui scandalise le public. — On fera bien
de défendre les processions.

« L'église continue ses questions : Que doit-on pen-
» ser d'un chrétien qui n'oserait *faire maigre*, de peur
» qu'on *se moquât* de lui ? »

D'abord nos lois n'ont jamais prévu le cas, où l'on
pourrait se moquer de ceux qui auraient le bon esprit
de s'y conformer. — Le Code n'a pas cette crainte-là.

Il paraîtrait que l'Eglise n'a pas la même confiance
dans ses ordonnances; cette humilité rachète bien des
choses.

Elle reprend :

« On doit penser qu'il se rendrait coupable *d'une*
» *grande lâcheté*, puisque la crainte d'une raillerie
» lui ferait *sacrifier sa conscience*. »

Un instant. — Si sa conscience lui dit de faire gras.
— Il la sacrifierait en faisant maigre.

Vous voyez qu'il y a là au contraire bravoure
excessive, puisqu'il brave l'Eglise.

— Allez, vous faites de la conscience et du courage un si triste emploi, que la patrie doit vous interdire à toujours, avec connaissance de cause, l'éducation de ses enfants.

Les chapitres qui vont suivre achèveront, je crois, de le prouver.

VI

Du haut de la tribune nationale j'entends tomber ces mots : *c'est le principe de la liberté dont je porte l'habit, c'est le principe de l'égalité dont je porte l'habit; c'est le principe de la fraternité dont je porte l'habit* [1].

Eh bien, séparant toute idée de personnalité, je dirai : oui, le mot est juste — vous n'en avez que l'habit; car depuis 1800 ans que ces mots sont écrits à son envers, les avez-vous fait voir au peuple. — Non; vous êtes restés boutonnés depuis le haut jusqu'en bas dans l'égoïsme de votre robe, et aujourd'hui que le peuple vainqueur vous arrache des mains le livre du Christ, vous retournez votre habit, et vous promenez par les rues et dans les lieux publics, avec quelques feuilles d'Évangile au dos. — Ne criez pas, seigneur, seigneur ! Il n'est plus temps. C'est Jésus lui-même, cet homme si doux quand il parle aux enfants, mais armé du fouet contre les pharisiens hypocrites, qui va dénouer un à un, les trois vêtemens dont vous surchargez vos

1. Séance du 13 mai 1848.

épaules, dans une enceinte où chaque citoyen présente aux traits de la lumière, une poitrine nue.

La liberté — oui vous l'acceptez, sans nous en octroyer la réciprocité. Vous acceptez la liberté que nous vous donnons d'entrer dans nos écoles, nos lycées, nos administrations, partout enfin où l'exigera votre mandat de député. Mais vous nous défendez de pénétrer dans vos cloîtres, vos séminaires, où même avec l'aide de la magistrature, on s'égare dans les dédales de vos couloirs et de vos lois. Voilà la liberté que vous nous faites, en échange de la nôtre, complète. Vous êtes libres de nous interroger et de nous absoudre. — Qui de nous, vous interroge ou vous confesse. — Tout pour vous — rien pour nous. Il reste aux citoyens le choix de se mettre à l'écart, quand vous encombrez la voie publique, de vos processions et reposoirs; et vous fîtes une loi, qui contraint les habitants de fermer leurs maisons, le dimanche, quand les vôtres restent ouvertes [1].

Dépouillez donc cette première robe, et voyons l'autre. Toujours même tissu, il absorbe et ne réflète pas.

Des hommes qui disent une religion se compose de trois éléments : 1° l'homme qui croit, 2° le prêtre qui dirige et communique avec Dieu, 3° Dieu qui ne connaît pas l'homme, mais le prêtre; assurément des hommes qui parlent et agissent ainsi, se constituent par cela seul, supérieurs aux autres hommes, puis-

---

1. Loi du 18 novembre 1814 — citée aux pages précédentes.

qu'ils se reconnaissent le pouvoir surhumain de communiquer avec Dieu, ne l'accordant pas à l'homme, isolé du prêtre.

Or, s'ils ont un pouvoir que nous n'ayons pas, ils nous sont supérieurs, donc nous ne pouvons pas être leurs égaux. Leur égalité est celle du laminoir qui égalise le métal entre deux cylindres, sans pour cela s'altérer ; c'est l'homme placé impitoyablement entre la confession et la pénitence, entre la *théocratie* et *l'athéisme.*

Quant à la fraternité, nous savons tous qu'elle est dans l'Évangile, mais non dans les livres de l'Église. Ce qui est bien différent. Votre catéchisme rédigé par des évêques, jamais vérifié par l'Université, donne aux enfants de singulières leçons de fraternité.

Vous leur apprenez, que la France et le monde se divisent en Hérétiques, Schismatiques, Apostats, Excommuniés, et vous nommez infidèles tous ceux qui ne pensent pas comme vous. — Dans les prières, vous leur faites des phrases ainsi conçues :

« Je vous recommande, ô mon Dieu, toute l'Église
» catholique (en première ligne), le pape, les évêques,
» tous nos pasteurs des âmes, le roi, la famille royale,
» (lisez la république), les princes chrétiens, et tous
» les peuples *qui croient en vous.* »

Si bien que les autres qui n'appartiennent pas à votre majorité, ne sont pas vos frères, vous ne priez pas pour eux. Savez-vous que Jésus a dit le contraire :

« Quiconque dira à son frère *Raca*, sera condamné
» par le conseil. — Ceux qui sont en santé, n'ont pas
» besoin de médecin, mais les malades. — Je suis
» venu, non pour les justes, mais pour les pécheurs. »

Vous le voyez, — l'Eglise c'est l'Ante-christ. Répondez
donc. On ne peut servir deux maîtres à la fois. Si vous acceptez l'Eglise, vous reniez le Christ. Si le Christ, pourquoi rester au sein de l'Eglise. Le piédestal va vous
manquer, vous l'avez prévu, et de crainte que l'église
en tombant ne vous écrasât, vous avez cherché refuge
dans l'assemblée nationale. Mais c'est du peuple que
partira ce cri, dont Saint-Pierre tremble encore sur son
trône, après avoir renié trois fois son maître, en 93,
— 1830 et 1848.

Jésus l'avait prophétisé : C'est au chant du coq, qu'il
sera renié pour la dernière fois.

Alors, l'Evangile aura son temple, comme Homère,
Socrate, Platon, simplement dans nos librairies.

Et tout homme qui saura lire, connaîtra Jésus comme
on connaît Lycurge et Solon, sans avoir vécu de leur
temps.

Et les aveugles verront, et les boiteux marcheront,
et les paralytiques de la pensée seront guéris ;

Et tout homme qui aura des yeux, connaîtra Dieu
par la création.

Car ce n'est que par leurs œuvres, que les Dieux et
les hommes se font connaître, ou révèlent leur exis-
tence.

Le prêtre est donc un mystère encore de nos jours,

puisqu'on ne saurait dire par quel acte réel il est re-
présenté. La messe, la confession, les bénédictions va-
ticanes, ne laissent aucune trace visible.

Le laboureur qui sème, l'architecte qui bâtit, le
poëte instruisant les hommes en consignant dans ses
œuvres, la marche de l'esprit humain ; le médecin gué-
rissant, le docteur enseignant la morale et les lois : voilà
des résultat palpables. D'où je conclus que l'homme qui
bâtit, qui écrit, guérit ou enseigne, est un être existant,
car il est définissable au moins par ses œuvres.

Ainsi dans l'équation sociale, Dieu et l'homme sont
des termes connus. Le prêtre seul n'a pas de solu-
tion.

VI

Aujourd'hui rien n'est changé dans le clergé, — seulement notre devise républicaine empruntée à l'Évangile, est, par l'ordre du gouvernement, inscrite sur les églises, depuis le 24 février de cette année.

La liberté fit-elle des progrès? — Pour comparer, retournons de vingt ans en arrière. Nous verrons notre armée docile encore à la sonnette du prêtre, et les députés de la restauration assister officiellement à la célébration d'une messe servie par un député-ministre, qui après en avoir fini avec Dieu, siégera sur les bancs de la chambre, *l'égal* de ceux qu'il vient de bénir et dont il confesse les femmes.

Mais tout cela se passait sous la monarchie. Alors le trône était sur l'autel, il y avait une religion de l'Etat.

Le clergé marchait le premier dans les députations, car il ne peut jamais aller de front.

En ce temps-là, lorsqu'un arrêté était rendu pour *tous* les citoyens, on faisait à l'égard du clergé, un décret spécial, sur le même objet.

Et dans ses mandements, le conseil ecclésiastique appelait la France, *son* peuple, parce que le roi disait : *mes* sujets.

Sous la république, j'ignore si on le supporterait.

Veut-on savoir comment, depuis que le mot est écrit sur leurs temples, les prêtres comprennent l'Egalité.

Voici la fin d'un discours prononcé à Paris, au pied d'un arbre :

« Pour nous, en échange des bénédictions que vous
» nous demandez, nous ne vous demandons d'autre
» privilège que d'être le *père* de nos frères. »

Vous le voyez : M. le curé consent à ce que nous soyons toujours ses frères, pourvu qu'il soit notre père; en cette qualité nous lui devons la soumission : voilà comme le clergé entend et professe l'égalité. Il nous dit en toutes lettres, — vous êtes mes égaux, à condition que je serai votre supérieur.

Le progrès est qu'il nous en demande le privilège.

Pourtant les termes de l'Evangile sont assez clairs :

« Pour vous, ne veuillez pas être appelés maîtres,
» car vous n'avez qu'un maître, et vous êtes tous
» frères.

» Et n'appelez personne *père* sur la terre, car vous
» n'avez qu'un père, qui est dans les cieux. »

C'est une singulière manie pour des gens qui refusent le mariage, de s'incarner pères universels.

Voici le texte de l'Église, page 82. — D.Que doit-on
» faire avant de se confesser?—R. Il faut dire : bénissez
» moi, *mon père*, parce que j'ai beaucoup péché. — D.
» Que faut-il faire après avoir déclaré tous ses péchés. ·
« R. —Il faut dire : je m'accuse de tous ces péchés,
» et de tous ceux dont je ne me souviens pas. (Ce qui
» revient à ne pas se confesser). J'en demande par-
» don à Dieu, et à vous, mon *père*, pénitence et abso-
» lution, si vous le *jugez convenable.* »

Ainsi voilà la créature à la merci du prêtre. Le texte de l'Eglise est aussi clair que celui de l'Evangile, seulement il est l'inverse.

Cet exemple suffit pour faire comprendre la savante manière de procéder du clergé. Il commence par un terme à double entente, car à la première réponse, on peut supposer que le *bénissez-moi, mon père,* s'adresse à Dieu ; puis l'esprit étant préparé par l'équivoque, il passe naturellement à l'homme-prêtre, au *père* que Jésus proscrit.

C'est ainsi que dans l'explication du commandement de Dieu : *tes père et mère honoreras......* Il marche de parens en parens, pour arriver aux prêtres d'abord, puis aux rois, et enfin aux serviteurs, qu'il place vis-à-vis des maîtres dans le même rapport, celui de père à fils. (Voir le catéchisme page 101).

L'Eglise est sans cesse le contre-pied de l'Évangile.

Chacun est libre de fréquenter l'Église; mais il est utile qu'on en connaisse l'esprit, afin de ne pas la confondre avec Jésus.

Voici maintenant comment le clergé professe la fraternité, à la date du 6 mai.

Dans le journal de ce jour, nous apprenons de la bouche même d'un évêque, qu'un curé de Soissons, a refusé les portes de l'église à un malheureux qui s'était donné la mort. L'évêque ajoute qu'il s'abstiendra à cet égard de toute réflexion.

Le peuple en fera pour lui, et regardant aux front ces hommes insultant à un cercueil, y lira ces mots : qu'as-tu fait de ton frère ?

Devant la mort se taisent nos lois humaines. Quelle injure faites-vous à la divinité !

Si vous êtes hommes, il vous est interdit de poursuivre au-delà du tombeau ; si vous êtes Dieu, pardonnez donc ! Jésus dit lui-même qu'il veut la miséricorde et non le sacrifice ; et qu'il ne pardonnera qu'à ceux qui auront aussi donné le pardon. Mais au nom du ciel, si le sang d'Abel ne vous étouffe encore, parlez : d'où tenez-vous vos pouvoirs, puisque ce n'est ni du ciel, ni de la terre. Vous feriez croire à l'enfer. — Jamais à la fraternité.

Quant à l'égalité : on sait dans vos temples ce qu'elle coûte, car les prix y sont fixes. On ne marchande pas dans l'Église.

Il y a pour l'enterrement du riche, un tarif, un autre pour le pauvre, et des classes intermédiaires. On peut savoir ce jour là, ce que valent un prêtre, deux prêtres, — dix cierges, quatre chantres. Si le cercueil sera sur des tréteaux, ou sur un piédestal. Tout est de convenance et à la *carte*.

Il en est de même, pour les mariages.

Au riche : les fleurs, les ornemens de luxe, la chapelle du chœur et les mélodies de l'orgue. Pour un peu d'or, on prolonge le sacrifice du Dieu expirant sur la croix, car les paroles se chantent; et l'encens fume pour la riche épouse agenouillée sur un coussin de velours. Tandis que là-bas, dans un coin de la même église, un prêtre en habit de tous les jours, se hâte de dire une petite messe pour l'humble ouvrier qui a longtemps calculé d'avance les frais du culte. Oh! s'il jetait en ce moment, un coup d'œil à la dérobée sur le riche autel, où le clergé déploie tout un luxe d'opéra, sans doute il dirait tout bas à sa fiancée : La mairie dont nous sortons en même temps que cet homme riche, nous a traités avec les mêmes honneurs, la même simplicité. Le même maire nous a mariés avec la même écharpe. La *maison commune* qui mérite bien ce nom, n'était pas tendue différemment : c'est donc là, le vrai temple de l'Egalité.

Que dira-t-il en voyant cette pièce d'or insolemment placée sur le milieu du cierge, afin d'indiquer au public, que c'est un opulent chrétien qui se marie. Son cœur saignera de s'être si cruellement trompé. Je l'entends s'écrier :

Quittons le seuil de cette église. Fuyons rapidement, avant que Jésus ne vienne chasser les vendeurs du temple, et leur répéter ces justes paroles de l'Evangile :

Ma demeure est une maison de prières, et vous en avez fait un rendez-vous de marchands.

Qu'est devenue toute ma doctrine, pour laquelle j'ai versé mon sang? Où donc se trouve caché le livre, où les apôtres simples et pauvres ont recueilli de ma bouche, les paroles qui devaient porter par toute la terre, la liberté, l'égalité, la fraternité.

Quoi! depuis qu'un pareil dépôt vous a été confié, vous avez partout dénaturé mon livre; vous l'avez remplacé par je ne sais quel catéchisme incompréhensible pour tous, nuisible au monde, mais non à votre puissance temporelle.

Voilà dix-huit siècles que j'ai prêché ces trois mots ; et depuis ce temps vous les avez enfouis, comme l'avare son or, afin que tout le monde en manque et vienne à vous, à genoux, demander un peu de cet or tout sanglant encore de mes souffrances ;

Et quand après tant de douleurs et de luttes, le monde enfin se réveille, et demande à grands cris, ce bien qui lui est dû ;

Quand après avoir, lui aussi, péri mille fois sur la croix, il arrive à son tour à graver de sa main mutilée, mais triomphante, ces trois mots, liberté, égalité, fraternité, sur le fronton du temple où depuis dix-huit siècles, ces mêmes paroles ont été mises par vous, sous les scellés ;

Alors que faites-vous, ô hommes plus coupables que les prêtres du paganisme, vous ouvrez les portes du temple à ce peuple généreux, et lui dites : Venez au milieu de nous ; nous allons vous montrer ce livre où le Christ a écrit ces trois mots, vous ne les avez pas inventés. O mensonge !

Voilà donc, citoyens, l'office pour lequel la nation salarie depuis si longtemps un clergé dominateur, toujours riche au milieu des pauvres, et encenseur éternel de toutes les majorités.

Mais puisque le peuple tient enfin dans ses mains puissantes le livre de Jésus, il leur dira : Déposez titres, honneurs, riches salaires, biens terrestres ;

Car votre royaume n'est pas de ce monde, et par conséquent votre place n'est pas à l'assemblée nationale.

C'est ce qu'il fallait démontrer.

COROLLAIRES.

En excluant de l'assemblée nationale [le clergé, on atteint deux buts importants :

1° On affranchit la France de toute dépendance ultramontaine, et l'on établit nettement la juste division de l'Église avec l'État.

2° On arrivera à diminuer insensiblement les membres du clergé; car une fois que les enfants dans nos écoles, et plus tard dans nos colléges, auront été élevés dans les habitudes de l'exercice militaire, ils se sentiront peu disposés à choisir une carrière cloîtrée, et privée d'air au moral comme au physique. Et d'ailleurs les parents n'encourageront plus leurs enfants à prendre une profession sans issue.

Alors on comprendra le sacerdoce, comme il est indiqué dans le livre éloquent *du prêtre, de la famille et de la femme*, sacerdoce qui ne devra plus être exercé que par des vieillards, ainsi que l'exprime l'origine du mot *prétre* : c'est à dire par des hommes ayant expérimenté la vie, et accompli dignement leurs devoirs de citoyen, connaissant les lois du monde, ses écueils, et sacrifiant leurs dernières années à l'enseignement d'une morale humaine, dépouillée d'un cérémonial déjà trop vieilli.

Alors, les temples seront moins nombreux, — les écoles seront partout.

Puis une autre époque arrivera dans l'esprit des siècles, pareille aux transformations successives de notre Globe, où chaque révolution engloutit avec elle, ses habitants caducs.

A cette période, la morale de l'Évangile commentée dans nos colléges, enseignée par abrégé dans nos écoles primaires, remplacera avec fruit le matériel et le cérémonial d'un culte disparu.

La religion de Jésus redevenue simple comme il l'avait créée, aura désormais son temple dans le cœur vierge des enfants qui devenant hommes, en porteront la semence de génération en génération, sachant comprendre un Dieu comme l'enseignait Jésus, sans lui bâtir une demeure à part; puisqu'il existe partout.

Dans ce temps-là, l'Évangile reposera dans chaque mairie, à côté du livre des droits de l'homme;

Et la religion sera la morale.

Le monde intelligent a ses phases, comme le monde physique.

Les premiers animaux qui habitèrent les terrains secondaires étaient gigantesques comparés à ceux d'aujourd'hui. Cette première race a disparu pour faire place à des êtres moins grands, mais plus parfaits.

Car le monde marche toujours à sa plus simple expression.

Cette histoire de notre Globe, est celle aussi de la civilisation, et nous enseigne qu'au sortir des révolutions morales, il faut, afin d'avancer toujours, détruire les préjugés et les usages vieillis.

Alors peut-on comprendre que des cérémonies acceptables, sous Clovis et sous Charlemagne, le soient encore telles qu'elles en 1848, sous la deuxième république française.

Là est le ver rongeur sortant des terrains primitifs, arrivant jusqu'au sol d'aujourd'hui, et dévorant à la racine le germe des plantes qui demandent à s'élever de toutes parts, mais qui meurent chétives, sans que le laboureur ait pu découvrir la cause du mal.

Le mal est dans la conservation quand même, des vieux us et coutumes, au milieu d'un monde nouveau.

La loi du progrès est l'élimination.

Ce qui s'est dit du clergé peut s'appliquer aux arbres de la liberté.

En 1793 — ils avaient une signification, parce que

toute croyance nouvelle entraîne un symbole. Mais aujourd'hui que la liberté est formulée dans nos codes, nous n'avons plus besoin de sa représentation matérielle. C'est faire injure à l'époque et, à l'esprit du peuple.

C'est autoriser l'intolérance à frapper au nom de la liberté, un ennemi politique.

Déjà la France et l'Algérie nous en donnent la preuve.

Que signifie ce peuplier ?

La plupart de ceux qui le saluent ignorent que cet arbre fut choisi entre mille, parce que son étymologie *populus*, se traduit également par *peuple* et *peuplier*. — Jeu de mot d'une langue morte.

Et la France, sans autre examen, parce que nos aïeux le firent, met en sentinelle sa garde nationale au pied d'un *rébus* latin.

Idolâtrie qu'il est temps d'abjurer : Veau d'or, arche d'alliance, ou peuplier, c'est tout un.

Il faut, quand la lumière se fait écarter tout corps qui porte ombre, et n'abrite que des préjugés.

C'est à cette condition seule, que progresse l'humanité.

———

Une erreur consacrée, même dans les mots, est un obstacle au progrès, car elle devient la source d'idées fausses, qui bientôt se traduisent en faits.

On parle de qualifier notre République de *démocratique* ou de *sociale.*

La seconde expression, *sociale*, ne peut être prise au sérieux; tout gouvernement, hormis celui de l'île de Robinson, supposant une société.

Quant à la République — *démocratique* — *française*, il faut commencer par la dédoubler, si l'on veut qu'elle soit une.

Le mot, république, veut dire chose publique.

L'adjectif, démocratique, signifie du peuple :

Or, de deux choses, l'une :

Ou *peuple* représente *toute* la nation, on n'en désigne qu'une *partie.*

Dans le premier cas : (le peuple signifiant toute la nation), la France consacrerait un pléonasme dont le moindre défaut serait le ridicule, autant vaudrait dire : République — publique.

Dans le deuxième cas, si le mot peuple n'est pas toute la nation, on exprime un non sens; car une chose publique qui est partielle ou particulière n'est plus une chose publique ou *ré* publique. Dites alors : République particulière, — on comprendra que vous voulez qu'une partie de la nation gouverne l'autre, au lieu que ce soit le tout par le tout.

Le seul titre qui convienne à notre nation est celui-ci : République française.

On donnera ainsi libéralement aux peuples, une leçon de français, en leur apprenant en même temps, qu'il n'y a pas plusieurs sortes de républiques.

Le projet de constitution commence par ces mots :
En présence de Dieu.

Qu'entend-on par ces paroles ?

Aurons-nous un Président par la grâce de Dieu ?

Le peuple a-t-il abdiqué sa souveraineté dans les mains du clergé ?

Veut-on exprimer que Dieu était présent aux travaux du comité, comme il le sera à la discussion contradictoire des articles conçus sous son patronage, pour être ensuite combattus, reçus ou rejetés.

Singulières épreuves réservées à la Divinité !

Peut-être a-t-on voulu reconnaître l'Être suprême ? Mais cette maxime de ne pas faire aux autres ce que vous ne voudriez pas qu'on vous fît, l'avez-vous déjà oubliée, ou n'est-elle pas applicable à Dieu ?

Car la nation a déclaré hautement à tous les peuples de la terre, avec un juste orgueil, que la République française n'avait pas besoin d'être reconnue, non plus que le soleil. — Vous faites donc à Dieu l'injure que vous avez su vous épargner ?

Évidemment cette phrase, *en présence de Dieu,* a trois défauts : l'inutilité, la naïveté et l'injure.

Inutilité, car elle n'apprend rien de nouveau, et détruit toute la force de cette formule digne qui ne vient qu'à la suite : *Au nom du Peuple Français.*

Naïveté, puisque tout se passe en présence de Dieu, depuis l'acte le plus simple de la vie privée, jusqu'au plus sublime ; de même des vertus et des crimes.

C'est en présence de Dieu que Caïn tua son frère ; et que fut profané, dans une grange fermée à tous les yeux, le corps de Cécile Combettes.

Nos lois punissent le témoin impassible d'un crime qu'il pouvait empêcher. — Vous déclarez donc, d'un seul mot, Dieu criminel ou impuissant ? Hâtez-vous de dire qu'il n'était pas présent, ou jugez-le ?

Ainsi, la naïveté se joint à *l'insulte*.

Quel exemple donnez vous au monde. La première phrase de la constitution consacre un faux.

Car dans la vie ordinaire, un témoin ne signe-t-il pas ? Sans cela son témoignage est nul. Avez-vous parmi les sceaux de la France, celui de la Divinité ? Mais tout citoyen en est possesseur au même titre. Ce cachet est donc sans valeur.

La présence de Dieu alléguée par des hommes, pèse moins dans la balance du juge, que le témoignage de deux citoyens patentés.

Si cette présence est fictive, pourquoi lui donner une valeur réelle en la consignant dans un acte authentique ? cette première erreur apporte du doute sur la vérité qui suit.

Dieu vous est-il caution ? Les chartes brisées par la grâce de Dieu, et en présence de Dieu, prouvent suffisamment que la caution est nulle, et que Dieu laisse aux hommes le soin de leur propre responsabilité.

Il y a donc erreur et présomption dans l'emploi de ces mots : *en présence de Dieu.*

C'est en présence de Dieu que je le dis, et que peut-
être, vous le discuterez. Mais quelle que soit la décision,
Dieu aura trompé l'espoir de l'un de ses sujets, — vous
voyez que votre Dieu n'est pas celui de tout le monde,
puisque vous lui prêtez des paroles que nous n'approu-
vons pas tous. Ne pensez pas que pour les avoir revêtues
du sceau divin, elles en auront plus de poids aux yeux
de la raison. — Partout où sera la raison, sera Dieu :
telle est sa signature.

Les arrêts de l'Inquisition et la charte de Louis XVIII
étaient décorés du nom de la Divinité. Pourquoi ? c'est
que le clergé, alors escortait le pouvoir.

En 1830, la peur fit disparaître sous l'habit séculier
les prêtres, à tel point qu'un mandement de l'archevêque de Paris leur enjoignit, plus tard, de reprendre
les robes traînantes, celles que condamne le Christ dans
son 23e chapitre de l'apôtre Saint-Matthieu.

Qu'arriva-t-il, de cette fuite du clergé des abords
de la royauté de juillet ?

Les prêtres absens, Dieu fut absent. Et la constitution de 1830 commence simplement par ces mots
très significatifs : *Droit public des Français.*

Il ne vient à l'idée de personne, que la France ait
vécu pendant dix-huit ans, hors la présence de Dieu.

Aujourd'hui c'est différent. — Le clergé, après
février, fait irruption dans l'assemblée nationale. —
Dieu les suit, et va se placer par ordre supérieur, en
sentinelle avancée, aux portes de la constitution.

C'est bien le même Dieu que celui de Louis XVIII et

de Charles X, puis qu'il fait défaut, les prêtres manquant. — C'est donc le Dieu des prêtres.

Ce qui le prouve encore, c'est l'article du projet de constitution établissant plus loin, que la nation ne rétribuera que les cultes reconnus par l'État.

On reconnait donc des cultes de l'Etat? Et c'est en présence de Dieu, que l'on jugera les croyances des hommes. Comment se nommera le tribunal qui doit prononcer que tel culte sera reconnu ou non, payé ou non? Quels seront les juges de cette inquisition?

Vous défaites l'article précédent qui assure à tous les cultes, protection égale : car payer les uns et non les autres, ce n'est pas les protéger également.

C'est une phrase à rayer, que l'Eglise a dictée, Dieu absent.

Car de fait — qui est-ce qui paie? — La nation. — Alors on ne peut scinder les cultes : ils sont *un* malgré leur diversité. L'Etat est-il Chrétien, Juif, Musulman ou Bramine? — Il n'est rien de cela. L'État est l'enveloppe générale du tout, comme la terre, de toutes les plantes qui germent dans son sein. Le soleil, pouvoir divin, ne fait pas d'exceptions.

De même sous le pouvoir national, les Israélites, les Musulmans, les Chrétiens ou les Bramines, payant également l'impôt, ont droit à une part égale. Ou subventionnez-les tous, — ou n'en salariez aucun.

Telle eut été votre pensée, si un Dieu réel, égal pour tous, eût présidé à la délibération. Mais vous le voyez, si bien qu'on fasse, le Dieu des hommes a toujours un goût de terroir.

Il est plus sage de renoncer à l'usurpation, d'autant que Jésus lui-même, dont vous empruntez le langage au début de la constitution, vous y convie par ces paroles très précises :

« Et moi je vous dis : vous ne jurerez en aucune
» façon ni par le ciel, parce que c'est le trône de Dieu.

» Ni par la terre, parce que c'est l'escabeau de ses
» pieds.

» Vous ne jurerez non plus, par votre tête, parce que
» vous ne pouvez rendre un seul de vos cheveux, blanc
» ou noir.

» Mais votre discours sera tel : *oui, oui, non; non;*
» *car tout ce qui est de plus, vient du démon.*»

Certifié conforme par l'apôtre Saint-Matthieu.

Quelques-uns disent :

« Ceux qui aujourd'hui prêtent leur appui à l'É-
» glise font acte de politique et non de foi, et par
» crainte du communisme, dressent dans leurs rangs,
» des autels au clergé. »

Les cultes, considérés comme simples particuliers, sont protégés par l'État qui les surveille dans l'intérêt public.

Au chapitre de l'APPLICATION, cette question-ci sera traitée : la nation peut-elle sans nuire au progrès, salarier les cultes?

Il sera aussi examiné si le moment est bien choisi de voter des fonds pour de nouveaux évêchés, quand les écoles font défaut.

Dangereux raisonnement. Pour faire entendre aux hommes la raison, ils commencent par la leur ôter.

Les imprudens compriment la vapeur entre les parois d'une chaudière usée et s'étonnent qu'elle éclate.

Puis les victimes pompeusement ensevelies, on redore la machine.

O vous qui conduisez les peuples, laissez à la raison une issue. Ne voyez-vous pas chaque jour se développer autour de l'Église le germe de la décadence, et les populations se débattre, serrées entre la foi et la raison. C'est la raison qu'il leur faut. Elle n'est pas divisible, et la part que vous prétendez qu'on en cède à l'Église, compromet le tout.

Si Jésus vint quand Rome tombait avec tous ses Dieux, attendez-vous que la France cède la place à un peuple qui rira d'un Dieu divisé en trois.

ACTE DE FOI

(Extrait du livre de messe).

. . . .

Je le crois, mon Dieu et je m'en tiens *plus assuré que si je le voyais de mes propres yeux.* Je le crois parce que vous l'avez dit et que j'adore votre sainte parole. Je le crois ; et malgré ce que mes sens et ma raison peuvent me dire, *je renonce à mes sens et à ma raison,* pour me captiver sous l'obéissance de la foi. (La foi est donc, d'après le texte même de l'Église,

l'obéissance passive de l'intelligence). Et s'il fallait souf-
rir mille morts pour la confession de cette vérité, aidé
de votre grâce, ô mon Dieu, je les souffrirais plutôt
que de démentir *ma* croyance et ma religion.

Le pronom possessif, *ma*, est la clé de voûte. — Il
s'agit de la croyance de l'Église; l'Église l'impose malgré la raison et le fidèle se l'approprie, comme un
patient frappé dirait : mes coups de bâton.

On a prononcé cette phrase en faveur du clergé :

« L'unité religieuse donne de la force à un État. »
La pensée est juste, à condition qu'on choisira bien
l'unité.
Chez les sauvages qui sacrifient l'espèce humaine,
il y a unité religieuse.
Sous Jupiter, il y avait unité religieuse.
Dans l'Église romaine, il y a unité religieuse

Cela prouve seulement l'excellence de l'unité, et non
de la chose à laquelle on l'applique.

Cette question et ses corollaires seront développés
au chapitre de la CROYANCE et viendront après l'examen de cette espèce d'axiome, redit chaque jour dans
le monde, à l'humiliation du peuple décrété souverain :

« *Je ne crois pas, mais ces gens-là ont besoin de croire.* »